BEI GRIN MACHT SICH IHR WISSEN BEZAHLT

Zusammenhang von Persönlichkeit, Gesundheit und Selbstwirksamkeit. Das Stressmodell von Lazarus und Volkmann

Alexander Meyer

Bibliografische Information der Deutschen Nationalbibliothek:

Die Deutsche Nationalbibliothek verzeichnet diese Publikation in der Deutschen Nationalbibliografie; detaillierte bibliografische Daten sind im Internet über http://dnb.d-nb.de abrufbar.

ISBN: 9783346207760
Dieses Buch ist auch als E-Book erhältlich.

Druck und Bindung: Books on Demand GmbH, Norderstedt Germany
Gedruckt auf säurefreiem Papier aus verantwortungsvollen Quellen

Das vorliegende Werk wurde sorgfältig erarbeitet. Dennoch übernehmen Autoren und Verlag für die Richtigkeit von Angaben, Hinweisen, Links und Ratschlägen sowie eventuelle Druckfehler keine Haftung.

Das Buch bei GRIN: https://www.grin.com/document/593957

SRH Fernhochschule

Bachelorstudium Psychologie

Einsendeaufgabe

Persönlichkeitspsychologie

Vorname, Name: Alexander, Meyer

Ort, Datum: Stendal, 17.11.19

Inhaltsverzeichnis

Abbildungsverzeichnis

1. Aufgabe B1

In Unterkapitel 1.1 wird der Zusammenhang der Persönlichkeit und Gesundheit an 3 verschiedenen Ansätzen näher gebracht. Folgend wird ein Überblick über gesundheitsrelevante Persönlichkeitsmerkmale gegeben und 2 dieser näher beschrieben. Zum Schluss werden auf diese Merkmale Handlungsempfehlungen für ein betriebliches Gesundheitsmanagement ausgesprochen.

1.1 Zusammenhang zwischen Persönlichkeit und Gesundheit (3 Beispiele)

Der Zusammenhang zwischen Krankheit und Persönlichkeitseigenschaften lässt sich in grundsätzlich verschiedenen Modellen betrachten. So wird in einem biologisch kausalen Modell beschrieben, dass die Persönlichkeit biologische Aktivitäten mitgestaltet. Diese stehen in direkten Zusammenhang zur Entstehung psychischer Erkrankungen. Ausgehend von diesem Modell wird angenommen, dass folglich gewisse Persönlichkeiten ein erhöhtes Risiko innehaben zu erkranken.[1] So werden Magengeschwüre oder auch Asthma als psychosomatische Krankheiten in diesem Zusammenhang in Betracht gezogen.[2]

Ein anderes Modell setzt einen korrelativen Zusammenhang zwischen Persönlichkeit und Gesundheit. Ursache für sowohl psychische Erkrankung als auch entsprechenem Persönlichkeitsmerkmal ist ein biologischer Faktor. Als Beispiel dafür kann die koronare Herzkrankheit herangezogen werden. Eine genetische Anfälligkeit für diese Erkrankung begünstigt die Entwicklung dieser, wie auch eine erhöhte Wahrscheinlichkeit Feinseligkeit als ein Persönlichkeitsmerkmal zu besitzen.[3]

Ein drittes Modell sieht die Veränderung der Persönlichkeit, als Konsequenz einer Krankheit vor. Eine Person kann an einer schweren Migräne leiden und sich immer mehr aus dem sozialen Leben abkapseln. Demnach können Krankheiten

---

[1] Vgl. Maltby et al. (2011), S. 852.
[2] Vgl. Maltby et al.: (2011), S. 852.
[3] Vgl. Maltby et al.: (2011), S. 852.

und körperliches Leiden erhebliche psychologische Auswirkungen mit sich brin-
gen.[4]

1.2 Gesundheitsrelevante Persönlichkeitsmerkmale

Die gesundheitsrelevanten Eigenschaften können in zwei Gruppen eingeordnet
werden. In der ersten Gruppe werden die kognitiven Merkmale, also habituelle
Überzeugungen und Erwartungen zugezählt. In der zweiten Gruppe affektive
Merkmale, also gefühlsbetonte Merkmale.

Habituelle Überzeugungen und Erwartungen:

Optimismus/Pessimismus

Allgemeine, positive Ergebniserwartung, dass sich alles zum Guten entwickeln
wird. Dabei ist unwesentlich, ob die positive Entwicklung von alleine verläuft, oder
ob selbst dazu ein Beitrag geleistet wurde.[5]

Selbstwirksamkeit

Die Selbstwirksamkeit ist als die Ausführbarkeit gewünschten Verhaltens auch
mit entgegenkommenden Hindernissen definiert. Die ausgeprägte Selbstwirksamkeitserwartung ist eine erfolgreiche Variable für ein positives Gesundheits-
verhalten, beispielsweise wenn eine Person ein Diätprogramm durchstehen will.[6]

Kohärenzsinn

Unter dem Kohärenzsinn wird eine Widerstandsfähigkeit verstanden, die hilft
hohe Belastungen sowie intensive Stresserfahrungen ohne gesundheitliche Konsequenzen zu überstehen. Es beschreibt die Überzeugung, dass Geschehnisse
verstehbar, strukturiert und vorhersehbar sind, sowie Sinn und Bedeutung haben.[7]

---

[4] Vgl. Maltby et al. (2011), S. 853.
[5] Vgl. Weber; Rammsayer (2005), S. 527.
[6] Vgl. Weber; Rammsayer (2005), S. 528.
[7] Vgl. Weber; Rammsayer (2005), S. 528.

Feindseligkeit/Ärger

Eine feindselige, misstrauende Grundstimmung anderen Menschen gegenüber mit der Grundannahme, dass andere Menschen negative Absichten verfolgen.[8]

Affektive Merkmale:

Neurotizismus/ Negative Affektivität

Neigung zu negativen Emotionen. Hauptsächlich zeichnen sich Emotionen wie Ängstlichkeit, Niedergeschlagenheit, Schuldgefühle, geringes Selbstwertgefühl und erhöhte Stressreaktionen aus.[9]

Feindseligkeit/Ärger

Eine stärkere Ärgerneigung, sowie der offene Ausdruck des Ärgers und die ineffektive Ärgerregulation.[10]

Typ-A-Verhaltensmuster

Unter dem Typ-A-Verhaltensmuster wird ein eine hohe Feindseligkeit, eine hohe Orientierung im Wettbewerb, eine starke Ausprägung des Ehrgeizes, sowie einen hohen Arbeitseinsatz verstanden.[11]

Typ-B- Verhaltensmuster

Das Typ-B-Verhaltensmuster entspricht einen entspannten, weniger hektischen Zustand als es bei dem Typ-A-Verhaltensmuster der Fall ist. Sie sind in der Lage das Leben so anzunehmen wie es ist.[12]

Typ-C-Verhaltensmuster

Dieser Verhaltensmustertyp ist bemüht, ein freundliches, sozial verträgliches Verhalten zu zeigen. Dadurch werden negative Emotionen und Gefühle unterdrückt.[13]

---

[8] Vgl. Weber; Rammsayer (2005), S. 530.
[9] Vgl. Weber; Rammsayer (2005), S. 530.
[10] Vgl. Weber; Rammsayer (2005), S. 530.
[11] Vgl. Weber; Rammsayer (2005), S. 530.
[12] Vgl. Weber; Rammsayer (2005), S. 530.
[13] Vgl. Weber; Rammsayer (2005), S. 531.

Typ-D-Verhaltensmuster

Dieser Typus ist darin bemüht Ablehnung zu vermeiden, indem Emotionen im sozialen Kontext nicht ausgedrückt werden. Gleichzeitig zeichnet ihn eine Tendenz zu hoher negativer Affektivität aus.[14]

Im Folgenden werden zwei der oben aufgeführten Merkmale näher beschrieben:

Neurotizismus/Negative Affektivität

Neurotizismus ist eine Persönlichkeitseigenschaft die sich mit Zuständen wie Ängstlichkeit, Depressivität, Empfindlichkeit, Labilität oder auch launisch beschreiben lassen. Als Begründer der Bedeutung des Neurotizismus als Persönlichkeitsdimension gilt der deutsche Psychologe Eysenck. Er konnte feststellen, dass sich Menschen auf einer Skala von stabil bis labil bewegen.[15] Als stabil bezeichnet er wenig ängstlich, ruhig und sicher während auf der oppositiven Seite Zustände wie ängstlich, nervös und unsicher zu finden sind.[16] Neurotizismus kann zeitgleich auch als mangelndes Wohlbefinden definiert werden. Auf den Gesundheitsaspekt betrachtet können diese Menschen oft schlecht mit Stress umgehen, leiden oft an körperlichen Leid und sind oft unzufrieden mit ihrem Leben.[17]

Typ-A-Verhaltensmuster

Unter dem Typ-A-Verhaltensmuster wird ein eine hohe Feindseligkeit, eine hohe Orientierung im Wettbewerb, eine starke Ausprägung des Ehrgeizes, sowie einen hohen Arbeitseinsatz verstanden.[18] Die Arbeit an sich bekommt bei diesen Personen eine überdurchschnittliche Bedeutung zugeschrieben, ebenso wie ein perfektionistischer Drang. Der Leistungskampf setzt sie ebenso einen übermäßigen Konkurrenzkampf aus. Bedeutsame Dinge können nicht überlassen werden, sondern müssen von diesen Personen selber in die Hand genommen werden.[19] Menschen mit diesem Verhaltensmuster haben eine zweimal so große Chance an einer koronaren Herzkrankheit zu erkranken als Personen mit einem anderen

---

[14] Vgl. Weber; Rammsayer (2005), S. 531.
[15] Vgl. Satow o.J.
[16] Vgl. Satow o.J.
[17] Vgl. Weber; Rammsayer (2005), S. 528.
[18] Vgl. Weber; Rammsayer (2005), S. 530.
[19] Vgl. Malty et. al.: (2011), S. 856.

Verhaltensmuster, dies wurde in einer umfassenden Studie mit über 3.000 Probanden herausgefunden. Die Gründe für das erhöhte Risiko kann auf einen erhöhten Noradrenalin Spiegel in einer stressvollen Situation zurückgeführt werden.[20] Dieser hohe Spiegel kann Läsionen sowie arterielle Schädigungen im Herzen verursachen.[21] Doch warum ist dies so, was sind die Ursachen dessen? Die Forschung ergab, dass es die Feindseligkeit ist, die diese gesundheitliche Konsequenz verursacht. Noch genauer formuliert, der unterdrückte Ärger des Typ-A-Verhaltens.

1.3 Handlungsempfehlungen betriebliches Gesundheitsmanagement

Da hoher Neurotizismus mit einem verstärkten Unwohlsein einhergeht ist die Dringlichkeit hier gegeben im betrieblichen Gesundheitsmanagement anzusetzen. Diese Personen berichten auch von einer hohen körperlichen Symptomatik und einem hohen Stressniveau sowie hohe Angstproblematik. Demnach sollte das betriebliche Gesundheitsmanagement hier ansetzen, um eine Steigerung des geistigen und körperlichen Wohlempfindens in der Person zu verhelfen. Ein Ansatz dabei könnte es sein **Sport** zu fördern, damit die Person ein Wohlempfinden in Körper und Geist aufbaut.[22] Gesundheitsfördernder Sport ist erwiesener Maßen Stress reduzierend und gibt ein neues Körpergefühl, sowie eine entspannende Wirkung. Zusätzlich dürfte sich das Selbstbewusstsein der Person positiv entwickeln, was der tendenziellen Ängstlichkeit entgegen wirken kann.

Die Personen mit einem Typ-A-Verhaltensmuster erweisen ein hohes Stressniveau, sowie eine hohe Feindseligkeit und übertreibender Ehrgeiz kombiniert mit einer intensiven Wettbewerbs Orientierung. Demnach sollte im betrieblichen Gesundheitsmanagement Maßnahmen gefördert werden, Ruhe und Frieden in der Person zu finden. Hierbei wäre klassischer Sport nicht die optimale Maßnahme, da die Wettbewerbs Orientierung den Ehrgeiz stimulieren würden. Eignen würden sich eine **Yoga-Gruppe**. Hierbei könnte die Person sich dem Yoga hingeben,

---

[20] Vgl. Malty et. al.: (2011), S. 858.
[21] Vgl. Malty et. al.: (2011), S. 858.
[22] Vgl. O.V. o. J.

und versuchen Stress und Ehrgeiz zu verlieren und insgesamt zu mehr innerlicher Ruhe kehren. Hierbei könnte eine ganz neue Erfahrung kreiert werden. Da Yoga nicht leistungs- oder wettbewerbsorientiert ist, kann dadurch ein Raum geschaffen werden, indem der Druck abfallen kann.[23]

2. Aufgabe B2

Im Unterkapitel 2.1 wird die Selbstwirksamkeit allgemein näher gebracht. Im Unterkapitel 2.2 werden die Quellen der Selbstwirksamkeit erläutert. Im Kapitel 2.3 wird am praktischen Beispiel der Erstellung einer Bachelorthesis die Bedeutung der Selbstwirksamkeitserwartung beschrieben. Im letzten Teil 2.4 folgt eine Beschreibung inwieweit sich die Quellen der Selbstwirksamkeit für die Erstellung einer Bachelorthesis nutzen lassen.

2.1 Selbstwirksamkeit

Die Selbstwirksamkeit nach Albert Bandura, ist das Vertrauen in die eigenen Fähigkeiten und die damit verbundenen schwierigen oder neuen Aufgabenanforderungen zu bewältigen.[24] Seine Theorie legt grundlegend die Annahme fest, dass der Mensch selbstbestimmt ist. Die Grundlage für diese Selbstbestimmtheit sei, dass Wissen der Menschen über die eigenen Fähigkeiten, also eine Selbstwahrnehmung, besitzen.[25] Diese Selbstwahrnehmung ist in den unterschiedlichsten Situationen anders ausgeprägt. Den bedeutendsten Teil der Selbstwahrnehmung für die Verhaltenssteuerung nennt er **Effektivität der eigenen Handlungen**.[26] Dieses Wahrnehmen von eigener Effektivität ist für die bedeutende Bildung von Erwartungen die bildende Bedingung, wie erfolgreich eine Person in einer bestimmten Situation ist.[27] „Je höher die Wartung hinsichtlich der eigenen Kompetenz ist, desto höher ist die Wahrscheinlichkeit, dass jemand zuversichtlich und zielstrebig an neue Situationen herangeht und sie aufgrund dieser Grundhaltung dann auch erfolgreich meistert."[28] Seine sozial-kognitive Theorie besagt, dass

[23] Vgl. Bartholomäus (2014)
[24] Vgl. Egger (2015), S. 283.
[25] Vgl. Salewski; Renner (2009), S. 98.
[26] Vgl. Salewski; Renner (2009), S. 98.
[27] Vgl. Salewski; Renner (2009), S. 98.
[28] Salewski; Renner (2009), S. 98.

Personen mit einem hohen Maße an Selbstwirksamkeit, vor allem leistungsori-
entierte Aufgaben, auch wenn sich immense Hindernisse in den Weg stellen,
meistern können. Eine hohe Selbstwirksamkeit führt auch zu einem erhöhten Anspruch an die eigene Person.[29] Bandura meint, dass die Selbstwirksamkeit starke
Beeinflussung darauf hat, welche Tätigkeiten wir durchführen, wie groß die Anstrengung dabei ist und wie die Emotionen aussehen während der Aufgabe.[30]
Menschen unterscheiden sich grundlegend in drei Dimensionen der Selbstwirksamkeit:[31]

- Schwierigkeitsgrad der Handlung
- Stärke der Selbstwirksamkeitserwartung
- Ausmaß der Generalisierung der Selbstwirksamkeitserwartung

Der **Schwierigkeitsgrad der Handlung** meint, die Schwere der Tätigkeit der be-
troffenen Person. Beispielsweise traut sich eine Person eine schwierige Prüfung
erfolgreich zu meistern zu, während jemand anders sich lediglich einfache Prü-
fungen zutraut.[32] Die **Stärke der Selbstwirksamkeitserwartung** bedeutet, wie
stark die Überzeugung der Person ist, das Ziel mit den eigenen Kompetenzen zu
erreichen. Beispielsweise ist die eine Person sehr sicher, dass sie die Prüfungs-
situation erfolgsversprechend meistern kann, während eine andere Person sich
unsicher ist.[33] Die dritte Dimension meint das **Ausmaß der Generalisierung**.
Damit ist gemeint, inwieweit eine Person die erwartete Selbstwirksamkeit aus einem Bereich in einen anderen überträgt.[34] Beispielsweise zeigt eine Person die
in Teil A eines Moduls in einer Prüfungserfahrung positive Erfahrungen gemacht
hat beispielsweise in Teil B ebenso die Gewissheit dieses Modul zu bestehen.
Die Person hat demnach ein hohes Maß an Generalisierung.[35]

[29] Vgl. Egger (2015), S. 283.
[30] Vgl. Pervin et al. (2005), S. 386.
[31] Vgl. Salewski; Renner (2009), S. 166.
[32] Vgl. Salewski; Renner (2009), S. 166.
[33] Vgl. Salewski; Renner (2009), S. 167.
[34] Vgl. Salewski; Renner (2009), S. 166.
[35] Vgl. Salewski; Renner (2009), S. 167.

2.2 Quellen der Selbstwirksamkeit

Die Selbstwirksamkeitserwartung kann in grundsätzlich 4 Quellen unterteilt werden.[36] Die bedeutendste Quelle der Selbstwirksamkeitserwartung ist in den **Erfahrungen** zu finden. Das Bewusstsein, mit eigener Anstrengung ein Ziel erreichen zu können, gibt einem das Vertrauen und die Erfahrung beim nächsten Mal ebenso dies erreichen zu können. Besonders wertvoll sind sogenannten **Mastery experiences,** bei der die Person eine Situation erlebt, die sie nicht sofort zu lösen weiß und nach und nach durch Bemühung und Anstrengung zu Lösungen kommt.[37] Ein positives Erlebnis kann die Selbstwirksamkeit erhöhen, ein negatives Erlebnis, also ein Misserfolg kann aber dafür dazu führen, dass das Vertrauen in die eigenen Fähigkeiten verloren geht und die Selbstwirksamkeit sinkt. So kann eine Person, die mit dem Halten von Vorträgen vertraut ist und positive Erfahrungen gemacht hat, auch in einer neuen, ähnlichen Situation auf diesen Erfahrungsschatz zurückgreifen. Je nachdem, welche Erfahrungen gemacht wurden, wird demnach die Selbstwirksamkeitserwartung verändert. Als zweite Quelle ist das **Lernen am Modell**, auch genannt als Beobachtungslernen zu nennen, also die gezielte Beobachtung der gewünschten Verhaltensweise an anderen Menschen. Damit das Modelllernen seine Wirkung zeigen kann, müssen einige Grundvoraussetzungen erfüllt werden. Hierbei ist die subjektiv empfundene Ähnlichkeit zur Modellperson ein wichtiger Bestandteil, denn wenn die Modellperson ein Ziel erreichen kann, kann dies auch der Beobachter.[38] Zusätzlich sind auf Seite der Person welche beobachtet, einige Dinge geschehen. Die Aufmerksamkeit muss auf das Modellverhalten gelegt werden, das Beobachtete muss im Gedächtnis abgespeichert werden und die motorische Vorrausetzung muss erfüllt sein, das Beobachtete durchzuführen.[39] Desweiteren ist die grundsätzliche Bereitschaft, also die Motivation der Person erforderlich.[40] Durch die gezielte Beobachtung kann dadurch Verständnis auf die eigenen Fähigkeiten gezogen werden.[41] Die dritte Quelle ist die **Ermutigung relevanter Personen im eigenen Umfeld**. Die Unterstützung und Zuversicht anderer Menschen, besonders derer,

---

[36] Vgl. Rammsayer; Weber (2010), S.102.
[37] Vgl. Stangl o. J.
[38] Vgl. Salewski; Renner (2009), S. 101.
[39] Vgl. Salewski; Renner (2009), S. 101.
[40] Vgl. Salewski; Renner (2009), S. 100.
[41] Vgl. Stangl o. J.

9

die einem nahe stehen, steigert das Vertrauen in die eigenen Kompetenzen. Jedoch bedarf es hierbei zukünftig der realen Erreichung des Erfolgs, damit die von außen erzeugte Selbstwirksamkeit erzeugt werden kann.[42] Die vierte Quelle machen die eigenen **Körpersignale** aus. Durch körperliche Reaktionen in einer bestimmten Situation, beispielsweise starkes Schwitzen oder Herzklopfen vor einem Vortrag wird eine geringe Selbstwirksamkeit verstärkt. Selbstwirksamkeit ist situationsabhängig, so kann diese nicht auf alle Lebensbereiche und Aufgaben übertragen werden.[43]

2.3 Selbstwirksamkeitserwartung und Bachelorthesis

Die Selbstwirksamkeitserwartung spielt eine wichtige Rolle im Zusammenhang mit der Erstellung einer Bachelorthesis. Diese hilft bei der Erhaltung und der Ausprägung der Motivation, trotz diverser Rückschritte. Den Einfluss der Selbstwirksamkeitserwartung auf die Motivation zum Schreiben der Bachelorthesis kann in 4 Prozesse untergliedert werden. Erstens die **Auswahl** der Bachelorthesis. Menschen mit einer niedrigen Selbstwirksamkeitserwartung werden eher ein nicht komplexes oder anspruchsvolles Bachelorthema wählen, sondern ihren Aufwand möglichst gering gestalten. Anders bei Personen mit einer hohen Selbstwirksamkeitserwartung, die sich anspruchsvolle Ziele stecken, so würde dieser Student eventuell ein komplexes, aufwändiges Thema auswählen.[44] Den zweiten Bestandteil des Motivationsprozesses ist die **Anstrengung, Ausdauer und Leistung.** Die Studenten mit einer niedrigen Ausprägung werden voraussichtlich größere Ausdauer im Prozess der Erstellung zeigen und sind bereit mehr Anstrengung zu investieren, insgesamt würde auch das Ergebnis daraus besser sein.[45] Der dritte Aspekt ist die **Emotion.** Der Prozess der Arbeit wird von den Studenten mit einer hohen Selbstwirksamkeitsüberzeugung mit einer besseren Stimmung erlebt werden, bedeutet dass das Individuum wenlger Angst oder Depressionen erleben wird als bei den konträren Studenten.[46] Das letzte Prozesselement ist die **Bewältigung.** Studenten mit einer hohen Selbstwirksamkeitserwartung werden mit Stress und Enttäuschungen, die der Prozess einer Bachelorthesis mitbringt,

---

[42] Vgl. Stangl o. J.
[43] Vgl. Maltby et al. (2011), S. 171.
[44] Vgl. Pervin et al. (2005), S. 391.
[45] Vgl. Pervin et al. (2005), S. 391.
[46] Vgl. Pervin et al. (2005), S. 391.

fertig werden.[47] So werden durch die Selbstwirksamkeitserwartung in der Moti-
vationsphase Handlungsziele beeinflusst, ebenso wie spezifische Umsetzungen.
Durch eine hohe Selbstwirksamkeitserwartung können in der Umsetzungsphase
die Ziele umgesetzt werden, trotz diverser potentieller Wiederstände. Bedeutet,
dass Menschen mit einer hohen Selbstwirksamkeitserwartung bei der Erstellung
einer Bachelorthesis sich gegen Wiederstände, also beispielsweise des TV oder
den plötzlichen Drang die Wohnung zu putzen wiedersetzen können.[48] Die
Selbstwirksamkeitserwartung hat großen Einfluss das Denken, Handeln sowie
das Fühlen. Dadurch fällt es Menschen mit einer guten Ausprägung dieser einfa-
chen Ziele zu erreichen und umzusetzen.

2.4 Quellen der Selbstwirksamkeit und Bachelorthesis

Die Quellen der Selbstwirksamkeit lassen sich für die Verbesserung der Selbstwirksamkeitsüberzeugung, in Bezug auf das Schreiben einer erfolgreichen Bachelorthesis, nutzen. Wie zuvor bereits erwähnt gibt es 4 Quellen: Erfahrung,
Überzeugung relevanter Personen aus dem Umfeld, Lernen am Modell und Körpersignale. Doch wie lassen diese Quellen sich zu dem eigenen Vorteil nutzen?
Die **Erfahrungsquelle** ist die wichtigste Quelle. Da die Bachelorthesis in der Re-
gel für Studenten das erste Mal darstellt und noch nie zuvor eine solche Erfahrung gemacht wurde, kann davon nicht direkt gezehrt werden. Jedoch kann die
betroffene Person durch Bewusstwerdung der bisherigen studentischen Leistun-
gen eine Selbstwirksamkeitsüberzeugung erreichen. Vielleicht wurden im Stu-
dium bereits vergleichbare Aufgaben wie beispielsweise Hausarbeiten abgeleis-
tet, die ein erfolgreiches wissenschaftliches Schreiben bereits unter Beweis ge-
stellt haben und dadurch eine positive Erfahrung kreiert haben. Auch das Be-
wusstwerden der bisher erreichten Schritte kann dem Studenten seine Überzeugung verstärken, dass er diese Herausforderung ebenso meistert.[49] Ebenso das
Lernen am Modell kann helfen. Der Betroffene sollte sich eine möglichst ähnli-
che Person suchen, die bereits erfolgreich eine Bachelorthesis geschrieben hat.
Das können z.B. Kommilitonen sein aus einen höheren Matrikel, dass können
Freunde sein oder die eigenen Eltern. Durch das Lernen am Modell kann der

---

[47] Vgl. Pervin et al. (2005), S. 391.
[48] Vgl. Schwarzer; Jerusalem (2002), S. 38.
[49] Vgl. Rammsayer; Weber (2016), S. 102.

Betroffene seine Selbstwirksamkeitsüberzeugung erhöhen.[50] Eine weitere Methode wäre die **Überzeugung relevanter Personen aus dem Umfeld**. Die Zuversicht und emotionale Unterstützung nahestehender Personen, z.B. der Eltern oder Freunde könnte dabei helfen die eigene Überzeugung zu erhöhen. Die Quelle der Körpersignale kann als Bewusstmachung der Anspannung dienen. Gemeint ist damit, wenn die betroffene Person als Körpersignal verspannte Schultern im Bezug auf das Schreiben einer Bachelorthesis hat, kann dies ein wichtiges Signal darstellen wie sehr die Person dadurch unter Druck gesetzt wird. Eine Bewusstmachung dieser Körpersignale kann die innere Haltung zu der geforderten Leistung deutlich machen.[51]

3.   Aufgabe B3

Im Unterkapitel 3.1 wird auf das Stressmodell von Lazarus und Folkmann eingegangen und beschrieben. Im Unterkapitel 3.2 folgt eine Erklärung des emotionsbezogenen und problembezogenen Copings sowie je 2 Beispiele. Den Abschluss macht das Kapitel 3.2 wo auf die Ressourcen des Copings eingegangen wird.

3.1   Stressmodell von Lazarus und Folkmann

Stress im negativen Kontext in der allgemeinen Sprachbedeutung, bedeutet so viel wie: eine Situation die subjektiv als unangenehm wahrgenommen wird und von dieser eine Person negativ beinflusst wird. Dieser Stress wird auch **Distress** genannt.[52] Das Gegenteil wäre der sogenannte **Eustress**, also ein anregender Stress.[53] Der negative Stress führt zu Schädigungen im ganzen Organismus, durch Stresshormone wie Adrenalin und Kortisol. Durch bestimmte Proteine werden auch Abbauprozesse im Körper freigesetzt die zu Schädigungen führen können.[54]

Nach dem Stressmodell von Lazarus und Folkmann resultiert eine wechselnde Wirkung zwischen der Person und dem Stressor. Bedeutet also, dass die Stressauslösung in der Person nicht objektiv von der Situation resultiert, sondern die

---

[50] Vgl. Rammsayer; Weber (2016), S. 102.
[51] Vgl. Rammsayer; Weber (2016), S. 102.
[52] Vgl. Asendorpf o.J.
[53] Vgl. Asendorpf o.J.
[54] Vgl. Asendorpf o.J.

subjektive Umgebung mit der Situation über das Ausmaß der Stressreaktion resultiert.[55] Die untere Abbildung 1 zeigt das transaktionelle Stressmodell.

erste Bewertung   zweite Bewertung

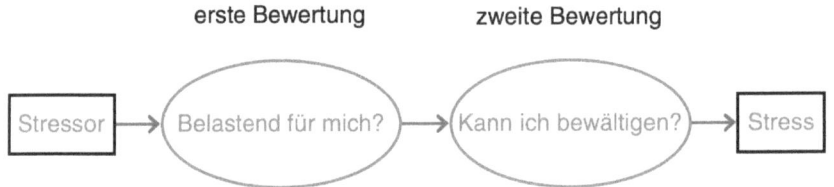

Abb. 1: Das transaktionale Stressmodell

Demnach gibt es einen äußeren Stressor, der auf die Person wirkt. In der Person
folgt nun die erste Bewertung dieses Stressors. Die primäre Bewertung zielt auf
die Fragstellung des eigenen Wohlergehens ab.[56] Die zentrale Frage hierbei ist,
ob die Situation belastend für die Person ist. Dann folgt die sekundäre Bewertung
die darauf abzielt, ob die Situation mit den Ressourcen die zur Verfügung stehen,
bewältigt werden kann. Die zentrale Fragstellung hierbei ist es, ob eine Bewältigung der Situation möglich ist. Bei negativ orientierter Beantwortung der Frage,
sowie voraussichtliche negative Konsequenzen die aus der Unbewältigung der
Situation resultieren, entsteht Stress. Ob die Stresssituation als herausfordern
oder bedrohlich wahrgenommen wird, hängt unmittelbar mit der Bewertung zu-
sammen.[57] Demnach gibt es Menschen, die unter prekären Verhältnissen aufge-
wachsen sind, missbraucht wurden und trotz dessen ohne organische sowie psychische Störung aufzuwachsen. Daher unterscheiden sich Menschen darin, wie
sie mit Stressoren umgehen. [58]

3.2 Emotionsbezogenes und problembezogenes Coping

Die Bewältigung der Situation wird Coping genannt, also die Bewältigungsstrate-
gie. Diese lässt sich in emotionsbezogenes und problembezogenes Coping un-
terteilen. Im problembezogenen Coping versucht die Person neue Informationen
zu bekommen, um die Problematik zu klären, also das aktive Angehen eines

---

[55] Vgl. Dick; Egolf (2015), S. 5.
[56] Vgl. Dick; Egolf (2015), S. 5.
[57] Vgl. Faltermaier (2005), S. 77.
[58] Vgl. Lazarus; Folkmann (1984), S. 19

Problems.[59] Beispielweise hat ein Angestellter Probleme mit den hohen Anforderungen in seinen Job haben und nimmt diese als zu belastend wahr. Problembezogenes Coping hierbei wäre es, wenn der Angestellte ein klärendes Gespräch mit dem Chef sucht, um die Situation zu klären. Der Angestellte versucht also das Problem aktiv zu lösen. Ein zweites Beispiel wäre die Situation eines Studenten, der in einem Lernraum an seiner Bachelorarbeit schreibt. In dem Raum sitzen noch zwei andere Studenten die lautstark reden. Problembezogenes Coping wäre hierbei das aktive Bewusstmachen in den Köpfen der Unterhaltenden und die Bitte die Gespräche einzustellen.

Emotionsbezogenes Coping ist die Regulation der Emotionen durch Anstrengung, also mit den Gedanken und Emotionen fertig zu werden, um Spannung abzubauen. Beispielsweise hilft das emotionsbezogene Coping bei dem Tod eines nahen Angehörigen mit der Situation umzugehen.[60] Ziel hierbei ist es, die traurigen Gefühle zu bewältigen und die Erregung der Situation abzubauen. Ein weiteres Beispiel für emotionsbezogenes Coping wäre die Situation einer intensiven Prüfungsvorbereitung. Die Spannung, die das dauerhafte Lernen verursacht, könnte durch Sport ausgeglichen werden.

3.3 Ressourcen und Copingverhalten

Zu einen angemessenen Copingverhalten tragen die **sozialen** und **personalen Ressourcen** bei. Zu den **sozialen Ressourcen** ist das Gebilde der sozialen Unterstützung zu zählen, welches sich als vielversprechende Coping-Methode eignet. Besonders in gravierenden Lebenssituation kann die soziale Unterstützung als große Hilfe dienen. Menschen unterscheiden sich in welchen Umfang sie soziale Unterstützung annehmen können. Besonders Frauen sind hierbei zu betonen, die im Vergleich zu den Männern, verstärkt bereit sind soziale Unterstützung anzunehmen.[61]

Die zweite Ressource machen **die personalen Ressourcen** aus. Sie können als Konstrukte verstanden werden, die von einer Person im Laufe des Lebens auf

---

[59] Vgl. Dick; Egolf (2015), S. 7
[60] Vgl. Dick; Egolf (2015), S. 7.
[61] Vgl. Faltermaier (2005), S. 105.

Basis von Erfahrungen errichtet wurden und die in einer schwierigen Situation unterstützend wirken kann. Selbstwirksamkeitserwartung, Kontrollüberzeugung und das Selbstwertgefühl sind Konstrukte, die hierbei eine wichtige Rolle spielen.[62]

In Beispiel 1 (Angestellter) kann man gut die personalen Ressourcen betrachten. Der Angestellte hat beispielsweise eine hohe Kontrollüberzeugung. Derjenige ist davon überzeugt mit seinen personalen Ressourcen einen aktiven Einfluss auf die Situation nehmen zu können und den Chef davon zu überzeugen die Anforderungen zu verändern.

Im Beispiel 2 (Lernender Student) kann man ebenso die personalen Ressourcen erkennen. Der Student zeigt sein Selbstwertgefühl, in dem er die anderen Studenten bittet, die Gespräche einzustellen. Ebenso eine gute Kontrollüberzeugung, da er aktiv die Veränderung der Situation in die Hand nimmt.

In Beispiel 3 (Tod eines Angehörigen) zeigt dieser ebenso die personalen Ressourcen mit dem Tod eines nahen Angehörigen umzugehen. Vielleicht hat die Person schon die Konstrukte und deren Bewältigungserfahrung eines Todesfalles einer nahen Person mitgemacht, dann würde diese Erfahrung als wichtiges Repertoire dienen, die Situation zu bewältigen. Die Selbstwirksamkeitserwartung und das Selbstwertgefühl sind hierbei wichtig, diese schwere Situation zu bewältigen und die Gewissheit zu haben in dieser extremen emotionalen Situation wieder herauskommen zu können. Wenn sich die Person an einen Freund wendet, würde sich dieser sozialen Unterstützung suchen, also die sozialen Ressourcen in Anspruch nehmen.

In Beispiel 4 (Lernstress) wird die Spannung, die durch eine intensive Prüfungsvorbereitung ausgelöst wird, durch bewusstes Sport machen abgebaut. Hierbei zeigen sich wieder sehr gut die personalen Ressourcen, insbesondere die Selbstwirksamkeitserwartung und Kontrollüberzeugung. Die Person ist in der Lage aktiv eine wirksame Methode zu finden die Spannung abzubauen, also bewusst darüber, wie eine schwierige Situation gelöst werden kann.

---

[62] Vgl. Faltermaier (2005), S. 105.

Quellenverzeichnis

Asendorpf, J. (o.J): Stress.
https://portal.hogrefe.com/dorsch/stress/, abgerufen am 29.Oktober 2019.

Bartholomäus, E. (2014): Yoga: Die positive Kraft des Yoga, Deutsches Ärzteblatt.
https://www.aerzteblatt.de/archiv/152826/Yoga-Die-positive-Kraft-des-Yoga, abgerufen am 29. Oktober 2019.

Dick, R.; Van und Egolf, C. (2015): Stress lass nach! Wie Gruppen unser Stresserleben beeinflussen. 2. Auflage, Berlin.

Egger, J. (2015): Integrative Verhaltenstherapie und psychotherapeutische Medizin: ein biopsychosoziales Modell, 1.Auflage, Wiesbaden.

Niesen, C. (o.J.): Sport, Bewegung und Gesundheit, Landessportbund Nordrhein-Westfalen.
https://www.lsb.nrw/fileadmin/global/media/Downloadcenter/Bewegt_Gesund_bleiben/Positionspapier_Sport_und_Gesundheit.pdf, abgerufen am 29. Oktober 2019.

Pervin, A.; Cervone, D.; John, O. (2005): Persönlichkeitstheorien: mit 33 Tabellen. 5.Auflage, München.

Rammsayer, T.; Weber, J. (2016): Differentielle Psychologie - Persönlichkeitstheorien. 2.Auflage, Göttingen.

Salewski, C.; Renner, B. (2009): Differentielle und Persönlichkeitspsychologie: mit 92 Übungsaufgaben. 2. Auflage, München,

Stangl, W. (o.J.): Selbstwirksamkeit.
https://lexikon.stangl.eu/1535/selbstwirksamkeit-selbstwirksamkeitserwartung, abgerufen am 29.Oktober 2019.

Weber,H.; Rammsayer, T. (2005): Handbuch der Persönlichkeitspsychologie und differentiellen Psychologie,1.Auflage, Göttingen.

Malty, J.; Day, L.; Macaskill,A (2011): Differentielle Psychologie, Persönlichkeit und Intelligenz. 2.Auflage, München.

Faltermaier, T. (2005): Gesundheitspsychologie. Grundriss der Psychologie, 21.Auflage, Stuttgart.

Lazarus, R.; Folkmann,S. (1984): Coping and adaptation. In W.D. Gentry, The handbook of behavioral medicine. 1.Auflage, New York.

Wirtz, M. (o.J.): Stress.
https://portal.hogrefe.com/dorsch/de/access-management, abgerufen am 15. Oktober 2019.